视频号直播攻略

互联网研究专家 **郑俊雅** 著

电子工业出版社·

Publishing House of Electronics Industry

北京·BEIJING

编辑说明

◎为了客观呈现新媒体的"真实面貌",对于一些当前十分流行但不符合出版规范的网络用语,本书采用语义相近的词语进行替代。

◎为了真实呈现互联网语境下的语言表达习惯,书中的部分内容,特别是在新媒体中常用的各种形象化词汇,尽可能"原汁原味"地保留约定俗成的表达方式,文中不再赘述。

序言：或许是你

人们似乎在不断地寻找各种各样的机会。

对于中小型企业创业者来说，他们似乎比较喜欢寻找这样的机会——投入少、易上手、能产出、可沉淀、有盼头。

茫茫互联网，我们去哪里寻找这样的机会？

说实话，这样的机会，可遇而不可求。或者说，这样的机会，不是靠等待就能等来的，而是需要我们用心去创造。当然，首先我们要找到算法公平、尊重用户、敬畏规则的平台，而后，我们才能专注、深耕，发光发热，创造机会。

经过大量的探索、研究和实践，笔者找到了视频号这个平台。笔者尝试着倾注全部的热情，竭尽全力，在视频号上立定脚跟，深度扎根，不断创作，不断分享，不断直播，最后笔者发现，这或许就是我们一直以来梦寐以求的平台了！

之所以用"或许"这个词，是因为视频号是一个全新的平台，很多算法还在调整、优化中。我们对视频号创业机会的把握，也正是基于我们对现有规则的理解、尊重和使用。

但就现状来看，视频号已经为大量用户带来了超越预期的效果，尤其是在其推出直播功能之后。

笔者在视频号上，历经 3 个月，直播 72 场，除了其中 2 场直播是零成交、零订单，其他的 70 场直播，都实现了稳定变现。有时候，笔者在视频号上做一场直播获得的收入，相当于笔者在其他平台做 10 场直播获得的收入总和。这个结果让笔者大为惊叹，一个全新的平台，为何能够创造出如此令人惊艳的成绩？

通过大量的实践，笔者发现了视频号直播的几个重要特点。

1. 比较支持主播的，往往是付费社群的成员。

2. 精准客户观看直播，能够吸引更多精准潜在客户来到直播间。

3. 观众很喜欢加主播为微信好友。

4. 大部分观众愿意为价值买单。

5. 整个平台比较重视创造价值和分享价值。

6. 多数主播越播越好，越努力、收益越稳定。

是的，作为中小型企业创业者，遇见视频号直播这样的机会，何其有幸。

从开始到现在，笔者始终怀着赤诚之心，珍惜每一次直播的机会。

每次直播之前，笔者都会问自己以下 3 个问题。

1. 今天，我是否做好了最佳准备，去迎接每一位观众？

2. 今天，我是否愿意竭尽全力去成就每一位观众？

3. 今天，如果没有任何订单，我是否能够不忘初心？

如果这 3 个问题的答案都是"是"，那么笔者就会开始直播。否则，笔者就会平静下来，放空身心，继续修炼自己。

视频号直播就像一位久违的朋友，它亲切且值得信赖，它务实且步步为营。

不同的人对视频号直播会有不同的理解，这取决于其实践的深度和广度。

视频号直播将带给你什么样的惊喜和希望？这需要你自己去创造和体会。

无论如何，一切美好的机会，都需要我们用真正的力量去珍惜、保护和把握。

祝愿你在视频号直播领域取得非凡的成绩，铸就辉煌！

目　录
CONTENTS

第一部分
特色篇

第四部分
试播篇

第五部分
风格篇

第六部分

框架篇

第九部分
留存篇

第十部分
成交篇

第十一部分
流量篇

第十二部分
社群篇

第一部分

特 色 篇

第 01 招 基于熟人社交的直播

这个世界上，没有人一定要看你的直播。

很多主播喜欢抱怨："今天直播间的人气不足。"

笔者很少听到有主播这样说："是我自己没有准备好足够的内容，也没有经营好优秀的社群，所以，来看我直播的人很少。"

主播似乎比较喜欢把人气低的责任推给平台，而很少思考自己是否做足了准备。

视频号直播，是基于熟人社交的直播。

有优秀的社群，在直播时，你就会如虎添翼；没有优秀的社群，在直播时，你就会势单力薄。

有人可能会说："某些美女主播，似乎也没有创建社群，但她们的直播间却人满为患。"

这些美女主播，大多都有自己的经纪公司。她们自己没有经营社群，并不代表经纪公司没有帮她们经营社群。

视频号上的主播，必须重视社群的运营。有一位非常优秀的主播，他的团队运营着 20 万个精准的微信群。因此，他的每场直播都人气爆棚。

当然，作为新手，不必追求社群的数量，只需追求社群的质量。

如果精准客户愿意在你的直播间停留，那么，他们的好友（比较精准的潜在客户）将有更大的可能性通过直播广场看到你的直播。

观看你直播的人越多，就越容易吸引更多观众来到你的直播间。

第 02 招 面向陌生社交的直播

对于新主播来说，熟悉他的朋友更愿意来到他的直播间，而且停留的时间会更长。

试想一下，作为新主播，如果来到直播间的都是陌生观众，而且来一个走一个，直播间在线人数一直都是个位数，那这位新主播会做何感想？

他很容易忐忑不安，甚至会开始怀疑自己的能力。

视频号资深研究专家朱恺在 2020 年提出的社群

陪伴理论指出，比较理想的社群情况和直播间情况是，新老朋友同时存在，老朋友可以起到良好的"陪伴"作用。

让老朋友当观众，能带给你以下几个好处。

1. 让你更加放松。

2. 帮你维持直播间氛围。

3. 帮你吸引更多新观众来到直播间（这是视频号直播的核心推荐算法之一）。

但无论如何，作为主播，你终归要面对无数的陌生观众。

简单来说，越多熟人观看你的直播，就越容易通过平台算法帮你吸引更多陌生观众来到你的直播间。

因此，前面的一切"陪伴"和准备，都是为了主播能够更好地面对陌生观众。毕竟熟人圈子的资源是有限的，而陌生圈子的资源却是趋于无限的。

　　一名优秀的主播，在准备直播内容时，必须充分考虑新老观众各自的需求，而后打磨出人见人爱的内容体系，方能把握住视频号平台巨大的直播流量。

第 03 招 私域流量结合公域流量

"私域流量结合公域流量"这句话在视频号领域很出名,因为它是大家实践之后总结出来的行之有效的方法。

私域流量,主要指你自己可以随时触及、管理和调用的流量。

公域流量,主要指平台的综合流量。

在视频号直播赛道上,有私域流量的主播,将拥有一定的优势。

举个例子，有 A、B 两位主播，当 A 直播时，有 100 位好友前来观看他的直播，当 B 直播时，没有任何好友前来观看他的直播，那么 A 的直播将更容易吸引更多的公域流量。因为 A 的 100 位好友的好友将有较大可能性通过直播广场看到 A 的直播。

如果 A 的直播能力强，能够留住大部分观众，则这 100 位好友的好友的好友，也有可能通过直播广场看到 A 的直播。B 由于没有最初的 100 位好友，所以，直播间的人数将明显少于 A 直播间的人数，除非 B 有非常出色的直播能力，能够快速且高比例地留住观众。

综上所述，私域流量能够帮助主播吸引更多的公域流量。

如果主播善于引导，那么公域流量也可以进一步转化为私域流量。

第 04 招 实实在在，有章可循

作为一名主播，最担心的事情之一就是流量不稳定。

很多直播平台的免费流量分配规则，往往让人捉摸不定。相对来说，视频号的规则是比较稳定且可控的。

有人可能会说："我看未必，视频号直播流量的分配更加变幻莫测，时高时低，甚至容易出现两极分化的情况。"

视频号直播流量最大的特色是"私域流量+公域流量"。

简单来说，如果你能够控制好私域流量，那么你就容易控制好公域流量。如果你完全没有私域流量，或者私域流量极少，那么你的直播流量就很容易出现两极分化的情况，有时极高，有时极低。

因此，视频号主播最重要的基本工作，就是不断地培养自己的私域流量。私域流量稳定了，直播间的综合流量才能稳定。

微信的私域流量是实实在在的，直播的公域流量是有章可循的。

1. 善待客户，客户就会愿意加入你的社群。

2. 善待社群，你的直播就会有观众基数。

3. 有观众基数，你的直播就容易吸引更多新观众。

4. 内容精彩，新观众就愿意留下来、关注你、联系你、购买产品、加入社群。

5. 随着社群的进一步壮大，直播的氛围和效果会越来越好。

第 05 招 流量储蓄，价值放大

流量储蓄，主要指主播将平台的部分公域流量转化为自己的私域流量。

对于主播来说，流量储蓄的方式有以下几种。

1. 吸引观众关注自己的视频号。

2. 吸引观众添加自己为微信好友。

3. 吸引观众加入自己的个人微信群。

4. 吸引观众添加自己的企业微信为好友。

5. 吸引观众加入自己的企业微信群。

6. 吸引观众关注自己的公众号。

以上 6 点，对于不同主播来说意义不同。对笔者而言，最重要的是第 1 点和第 4 点，因为视频号粉丝可以优先看到自己关注的主播的直播，而在企业微信中，我们可以群发信息，瞬间触达粉丝。

如果能把直播间的新观众转化为自己随时可以触及的好友或粉丝，那么主播将可以持续为他们分享价值。

笔者的每场直播，大概可以吸引 100～300 人关注视频号，还有 50～150 人会添加我的企业微信为好友，未来这些数字将不断攀升。

从观众到粉丝，从粉丝到好友，从陌生到熟悉，主播要善待每一位新老朋友，才能在视频号直播江湖中立于不败之地。具体可参考以下做法。

1. 为他们提供价值。

2. 为他们精准解答问题。

3. 为他们精准介绍产品。

4. 为他们提供精准解决方案。

5. 无论下单与否，对他们一视同仁。

第 06 招 跨界合作，强强联合

视频号直播平台，人才济济，高手如云。

以前，商家合作需要跨越重重障碍。现在，有了视频号直播，商家之间的合作变得更加便捷和高效。

例子一。

已经退休的短视频爱好者金秋，专注于教中老年人如何做好视频号。有一次，她与笔者连麦（在直播间与笔者通电话），笔者向观众介绍了她刻苦钻研视频号的故事，短短5分钟，就有近百位观众关注了她的视频号。也就是说，她通过笔者的直播间，瞬间吸引了近百位精准粉丝。

例子二。

有一次，茶叶领域的视频号运营专家辜洪亮与笔者连麦，分享了他自己经营茶叶事业的经验和心得，短短几分钟，就吸引了近百位茶叶爱好者关注他的视频号。因为在笔者的直播间中，有部分观众喜欢喝茶。这恰到好处的分享，恰逢其时地吸引了一批精准的潜在客户。

例子三。

笔者在进行视频号直播之后，收获了来自世界各地、各行各业的优秀观众，这是一件令人无比惊喜的事情。微信的用户遍布全球，因此，我们在视频号上直播时，自然有机会连接全球用户。

第二部分

定 位 篇

第 07 招 你究竟想做什么

很多人看到视频号直播的巨大机会，便跃跃欲试。

有的人粉墨登场，匆匆直播，最后落荒而逃；有的人一直准备，不断铺垫，最后迷失方向。

归根到底，他们都犯了同一个错误：没有弄清楚自己究竟想做什么。

对于主播来说，要想找到自己的定位，必须先问自己如下几个问题。

1. 我想干什么？

2. 我能干什么？

3. 观众愿意为我的哪种才艺、能力、产品或服务付费？

4. 我真正热爱的是什么？

5. 我是否愿意持续为之付出努力？

以上问题，总结为一句话就是，我究竟想做什么？

很多人今天想做 A 事情，明天想做 B 事情，后天又想做 C 事情，忙到最后，竟忘了自己究竟想做什么。

这类朋友，往往听了太多别人取得成功的故事，以为赚钱很容易，于是自己不断寻找"最佳答案"，最终左右为难，陷入迷茫。

以下是笔者给这类朋友的建议。

1. 不要轻信"赚钱很容易"的故事，凡事要敢于付出比别人更多的努力。

2. 兴趣是可以培养的，可以边做事边培养。

3.《史记》有云："狐疑犹豫，后必有悔。"在关键时刻，不要犹豫。

4. 尝试专心把一件事情做成、做大。

第 08 招 主播定位的 3 个原则

笔者曾经尝试过以下 3 种直播定位。

A 定位：分享短视频创业经验。

B 定位：分享国学和诗词学习心得。

C 定位：唱歌和才艺表演。

经过大量的尝试和探索，笔者发现，影响直播定位的关键原则有 3 个。

1. 是否有能力优势？

2. 是否有粉丝基础?

3. 是否可以较快变现?

通过以上 3 个原则,笔者明确了自己的定位。

A 定位:笔者有能力优势,有粉丝基础,可以较快变现,同时符合 1~3 原则。

B 定位:笔者有能力优势,有粉丝基础,但难以较快变现,所以,符合第 1、2 原则。

C 定位:笔者有能力优势,但没有粉丝基础,难以较快变现,所以只符合第 1 原则。

从以上对比中,我们发现,准确的定位必须尽可能符合 3 个原则,至少也要符合其中 2 个原则。如果只符合其中 1 个原则,则你需要耐心优化该定位,做好长期沉淀。

第 09 招 强化优势，锁定核心定位

在明确定位之后，主播就要不断强化优势，锁定该定位。

那些能稳定变现的主播，当你问他们善于做什么时，他们大多会说自己善于做某一件事；那些无法变现或变现很少的主播，当你问他们善于做什么时，他们大多会说自己善于做很多件事，但其实不知道具体

要做什么。

当一个主播的某一种优势足够明显时,这个优势就可以成为他的定位,之后,他可以不断投入资金、时间、精力去强化这个优势。一段时间后,这个优势将越来越容易为他赢得更多订单。

例子一。

笔者确定将"视频号培训"作为自己的定位之后,就不断强化自己在该领域的优势,并做了如下尝试。

1. 撰写两本图书,《68 招玩转视频号》《视频号直播攻略》。

2. 录制 30 多套课程,一共 2000 多节课,涵盖视频号创业的方方面面。

3. 创作近百份思维导图,将其赠送给精准用户。

4. 邀请更多优秀专家,展开合作,彼此赋能。

例子二。

美业专家黄燕确定将"打造美业视频号联盟"作为自己的定位之后，不断强化自己在该领域的优势，并做了如下尝试。

1. 创作大量高质量视频并设计富有影响力的直播活动，奠定自己在该领域的地位。

2. 联合更多美业专家，共同举办美业视频号培训。

3. 组织全国各地美业店铺，实现异地合作，相互引流和赋能。

第 10 招 如何让定位变得更加精准

定位越精准，越容易出成果。

笔者在视频号培训领域的定位，经历了如下 3 个阶段。

第一阶段：教大家做好视频号。

第二阶段：教中小创业者做好视频号。

第三阶段：教身处困境的中小创业者做好视频号。

很多专家喜欢教有一定经济能力的人做视频号，

因为他们有更强的买单能力。

笔者经过大量的实践发现，经济能力较弱者更需要笔者的帮助，如资源匮乏、身处低谷的中小创业者。因此，笔者做了以下工作。

1. 开发大量免费课程并送给他们。

2. 整理大量免费资料（电子书、思维导图）送给他们。

3. 经常抽奖，为他们赠送图书《68招玩转视频号》《网络营销168招》。

4. 开发大量高性价比课程供他们选择。

5. 举办活动，例如请观众在观看笔者直播后，写600字的感悟，优秀者即可免费获得一本图书。

观众看到主播如此用心，就愿意长时间停留在直播间学习和交流。直播间留存率提高了，平台就会为该直播间推荐更多精准流量。

那如何让定位变得更加精准呢？具体做法如下。

1. 不盲目跟风，要深度了解行业现状。

2. 不争一时之利，要深度了解顾客需求。

3. 不逞一时之强，要找到让自己心甘情愿付出的奋斗方向。

第三部分

筹 备 篇

第 11 招 敬畏同行和深度研究同行

很多新主播喜欢说一句话："不知道从哪里开始。"

其实答案很简单：从深度研究你周围的同行开始。

很多人不清楚自己周围的同行有哪些优点，就想与其同台竞技，结果可想而知。

大家可以参考以下思路。

1. 在视频号页面顶部搜索行业名称，关注 50～

100位同行的账号（每天关注5～10位，不宜一次性关注太多）。

2. 每天花30分钟，简单观看5～10位同行的直播，了解他们的最新动态和优势。

3. 寻找优秀的对标账号（同行做得很好且非常值得自己参考的账号），深度研究他的直播。

4. 打开思维导图工具（如幕布、XMind等），通过分类、排序、标注等方法，将同行的优点记录下来。

5. 经常复习这些笔记，融会贯通。

研究多了，你就会成竹在胸。当你直播时，就能气定神闲。因为你已经明确了同行的具体做法，所以你知道自己的每一句话、每一次互动、每一份礼物、每一个活动和每一种模式在行业中的分量。

第 12 招 如何分析同行的直播

作为一名主播，最重要的工作之一，就是分析同行的直播。

同行的直播就是一面镜子，我们要多照这面镜子，才能更好地修正自己。

关于如何分析同行的直播，大家可以参考以下思路。

1. 同行的直播场景，哪些布置细节值得参考？

2. 同行的直播内容结构是否清晰？结构是怎样的？

3. 同行每天的直播内容是一样的还是不同的？

4. 同行直播时最常说的话有哪些？他的直播话术（专业语句）是什么？

5. 同行是如何引导观众下单的？

6. 同行是如何引导观众关注账号和分享直播间的？

7. 同行主推的产品有哪些？性价比如何？销量如何？

8. 同行的产品体系是什么？有高、中、低不同价位的产品吗？

9. 同行的产品详情页是否富有吸引力？

10. 同行在发现有人下单时有何反应？

11. 同行的服装、道具、灯光有哪些优点？

12. 同行是如何面对连麦者的？态度如何？

13. 同行是如何对待付费用户和免费用户的？

14. 同行的直播频率如何？直播时长是多久？

15. 同行是一个人直播，还是多人轮流直播？

16. 同行是如何引导和对待观众打赏（直播间送礼物）的？

第 13 招 一边观看，一边构思

　　笔者在某位英语培训主播的直播间发现她主要使用白板教学，于是笔者马上打开淘宝购买了一个类似的白板。

　　她在展示各种教学内容时，用圆形小磁贴将印有教学内容的 A4 纸贴在白板上。

　　于是笔者思考，网络上有没有那种创意小磁贴（如西瓜造型、月亮造型、太阳造型小磁贴）？

最后，笔者找到了这种创意道具。

在直播时，笔者就将这些工具和道具逐步用上，起到了很好的效果。

当我们观看别人的直播，发现别人的优点时，就要思考如何借鉴别人的优点，如何学以致用。

当发现别人的缺点时，就要思考如何减少缺点。如何引以为戒。

以下是一个例子。

商业培训咨询师马丽华每天花 1 小时研究同行的直播，花 3 小时优化自己的直播，花 3 小时做直播。因此，她打造出了与众不同的直播风格。

观看，是为了参考；参考，是为了执行；执行，是为了获得好的结果。

第 14 招 常用器材的选择

很多新主播在正式直播之前斗志昂扬，浮想联翩，常常一时兴起，拼命购买各种各样的直播器材。

结果直播两三次后，发现情况和自己想象的不同（如流量极小、留存率极低、订单极少），因而偃旗息鼓，叹息不已。

购买了一流的直播器材，不代表就能做好直播。

直播能力是训练出来的，而不是购买回来的。

财税专家余永军认为，新人主播在前期不用购买大量的、昂贵的器材，只需配备最基本的器材，常用的基本器材如下。

1. 手机（选择感光能力强、前置摄像头像素较高的手机）。

2. 三脚架（选择可自由调整高度和角度的三脚架，方便坐着直播或站着直播）。

3. 灯具（选择只需占据极小空间的灯具）。

先利用这些简单器材进行直播。

文案专家米兰曾说："作为新主播，前期最重要的是培养自己对直播的兴趣、热情和感觉。过了这一关，再去考虑购买更加高端、多样的器材。"

经过多次升级和调整，笔者目前常用的直播器材如下（仅供参考）。

1. 华为手机和苹果手机（华为手机的优势：光线处理；苹果手机的优势：色彩处理）。

2. 声卡（结合手机或电脑，可以播放多种音乐，产生多种音效）。

3. 麦克风（可以让声音变得更加清晰、好听，同时可以降低噪音）。

4. 耳机（方便监听音乐和自己的声音）。

5. 华为笔记本电脑（现场为观众制作思维导图，提供解决方案）。

6. 华为智慧屏（高清同步展示笔记本电脑上的画面）。

7. 电子白板（方便板书）。

8. 四盏灯（两盏落地条形灯+两盏桌面变色灯）。

9. 手机三脚架（因为笔者是坐着直播的，所以高度一般设置为1米左右）。

10. 平板三脚架（方便通过手机后置摄像头展示平板电脑上的某些具体画面）。

第 ⑮ 招 直播场景的打造

优秀的直播场景，一般具备以下特点。

1. 置身其中，主播自己感觉很舒服（主播思维）。

2. 观众感觉很舒服（用户思维）。

3. 能够提高观众下单的积极性（结果思维）。

很多主播只重视第一点，而忽略了后面两点。

其实，第一点是基础，第二点是铺垫，第三点才是目的。主播不能只顾基础和铺垫，而忘记了最终的目的。

例子一。

笔者专注视频号教学，所以，直播间必须拥有教学元素。简单来说，就是观众来到这个直播间，必须感觉这里像一个能够学习知识的地方。

因此，笔者购买了白板、电子黑板、华为智慧屏，同时使用了直播举牌（展示教学信息的纸板或塑料板）和思维导图等工具。

例子二。

眼镜专家张志建经营着自己的眼镜连锁店，因此他每天直接在自己的眼镜店里做直播。

观众来到他的直播间，发现他的店铺装修精美、专业，因而十分信任他销售的产品。在这里，专业场景起到了良好的背书作用。

第 16 招 你准备了哪些与众不同的内容

随随便便开播，就会随随便便下播。

表面上，直播似乎很简单，只要拿起手机，打开摄像头，单击"开始"按钮，就可以直播。

然而，草率的直播，很容易给观众留下"小白主播"（零经验主播）的印象。

如今的直播，已经走向专业化阶段。如果随随便便开播，那观众会觉得这个主播缺乏诚意。

因此，在内容上，主播必须下足功夫；在勇气上，主播必须尽快"亮剑"。

有人说："如果你不能给别人带去惊喜，就不要随意打扰人家。"

作为一名主播，如果你没有准备好与众不同的内容，请不要随便开播。

例子一。

营养调理专家小禾老师为了更好地与观众分享健康和营养知识，设计了十套高质量的直播内容，每场直播使用一套，十天为一期，循环使用。

每一套内容的设计，她都投入了六个小时以上的时间，站在观众的角度梳理脉络，分享与众不同的健康和营养知识。

例子二。

文案专家栾秋玲通过视频号直播分享文案创作经验。

她每天早上 5 点就开始准备当天的直播内容。她每天会观看 200 多个优秀视频，并精心分析它们的文案结构和笔法。

经过长期的研究和训练，如今她在直播时能够出口成章，并经常戳中观众的兴趣点，满足观众的需求。

第四部分

试 播 篇

第 17 招 无论准备多久，总要开始直播

新主播要尽量避免以下两种情况。

1. 没有任何准备，直接开播（没有准备）。

2. 一直准备，从不直播（没有行动）。

这是两种极端情况。最好的情况是，准备得差不多了，就开始直播。

视频号推出直播功能之后，笔者深度研究了一个星期，然后做了两次试播（直播测试）。

第一次试播: 总共 5 分钟,只有 3 个人观看,在线人数 0 人(目的是了解直播间的各个按钮和功能)。

第二次试播: 总共 10 分钟,只有 12 个人观看,在线人数 6 人(目的是测试镜头,寻找感觉)。

或许你会惊叹,为什么人数会这么少?

一场直播,如果没有任何推广、预约(观众可以在视频号中预约主播的下一场直播)和转发,粉丝也没有任何心理准备(不知道你要直播),那么流量自然会很少(私域流量少,导致公域流量也很少)。

经过这两次试播,笔者心中就有了底。因此,在第一次正式开播时,笔者做了如下全方位的推广。

开播前。

1. 发布视频,通知视频号粉丝。

2. 在公众号群发文章,通知公众号粉丝。

3. 在微信个人号群发消息,通知好友。

开播后。

1. 将直播链接转发到多个微信群。

2. 将直播链接转发到多个朋友圈。

3. 邀请观众转发直播链接。

结果第一场正式直播，有 5000 多人观看；第二场正式直播，有 8000 多人观看；第三场正式直播，有 1.5 万人观看。

第 **18** 招 竭尽全力，但对结果零期待

如果你问笔者："做了这么多场直播，最重要的感悟是什么？"

那么笔者的答案是：每一场直播，都要竭尽全力，但对结果要零期待。

竭尽全力，主播才能正常发挥或超常发挥；对结果零期待，主播才能镇定自若、从容应对。

在直播时，可能会出现各种问题，常见问题如下。

1. 设备的问题（比如手机没电）。

2. 信号的问题（比如观众看不到主播的画面）。

3. 观众的问题（比如有人散播负能量）。

4. 主播的问题（比如晚睡导致精神不佳）。

因此，各种问题交织在一起，对主播造成了不同程度的挑战。

主播只有放下各种心理负担（比如对订单量的要求，对观众积极度的要求，对礼物打赏的要求，对粉丝增长量的要求），才能自如地面对各种疑难问题。

在直播时，主播可以通过"小商店助手"这个小程序看到本场直播的订单信息和销售总额（方法：缩小直播窗口，打开微信首页，找到"小商店助手"小程序）。

笔者一般在下播时才会去看这些信息，以免因数据不如意影响自己的心态。

当然,如果我们想及时感谢购买者,则另当别论。

视频号运营专家万佳曾说:"对结果零期待,其实就是尊重每一场直播的结果,尊重每一位观众的选择,尊重自己的能力和现状。当我们真正竭尽全力的时候,结果往往不会太差,甚至会令人惊喜!"

第 19 招 实践和想象未必一致

在视频号上，有些主播一开始兴致勃勃，直播几场之后就垂头丧气，叹息不已。

你问他们："怎么了？"他们往往会告诉你："直播和我想象的不一样。"

直播之前，很多人都把结果想象得太美好。而当流量滑坡、观众冷淡、订单锐减时，他们就会浑身不适、难以接受。

说实话，每一场直播的结果都是未知的。

脑科学教育专家陈素红曾说："那些该来的人，或许不会来；那些该买的人，或许不会买；那些该送礼物的人，或许不会送礼物；那些该下大单的人，或许只会下个小单。任何情况都可能会发生。所以，作为主播，你真正能控制的往往只是自己的状态。你无法控制观众，你只能发挥自己的最佳状态，而后去影响一批又一批的观众。"

面对未知的结果，我们要心怀敬畏。

在直播时，笔者经常有这样的感觉：这场直播好像有点"不对劲"，流量少、没人说话、下单的人少，要不我还是早点下播吧！哦，不！我要坚持下去，我要扭转这场直播的现状。我要重新拿出最佳状态，做好这场直播！

而当笔者调整好状态之后，结果往往令人惊喜。

作为主播，我们每天都有可能遭遇低谷，所以我们要用科学的方法去盘活每一场直播。

第 20 招 总结问题，找到优秀的解决方案

直播前的一切准备和试播，都是为了总结问题，进而找到优秀的解决方案。

解决方案不是想出来的，而是试出来的。之所以叫"解决方案"，就是因为前面有问题需要解决。或者说，前面有问题，后面我们才能真正找到优秀的解决方案。

主播最常遇到的 3 个问题如下。

1. 流量少。

2. 留存率低。

3. 销量低。

经过实践，你就会找到问题的原因。

1. 流量少，是因为封面普通、预约人数不够、社群乏力、观众疲惫。

2. 留存率低，是因为主题空泛、没有大纲、缺乏新意、氛围冷清。

3. 销量低，是因为信任感低、性价比低、不懂让利、没有赠品。

因此，针对以上问题，笔者提供如下解决方案。

1. 提升流量：优化封面、增加预约人数、培养社群、奖励观众。

2. 提高留存率：明确主题、构建大纲、开拓创新、发放福袋（视频号直播的抽奖工具）。

3. 提高销量：培养信任感、优化价格、敢于让利、设计赠品。

服装店铺管理专家徐芬曾说："直播间某些细节的调整，往往有可能影响全局。因此，主播不能用想象代替行动，要敢于创新，敢于尝试。因为，每一次调整和优化，背后都蕴藏着惊喜和希望。"

第五部分

风 格 篇

第 21 招　不要总说自己很普通

很多主播喜欢说："我很普通，没有什么特长，也没有什么优势，真的有点迷茫，不知道接下来要做什么。"

从本质上说，我们的确都是普通人。

但从直播的角度而言，我们不能认为自己是普通人。

无论如何,我们都要找到自己身上的优点和亮点。

一群普通的观众,前来观看一个普通主播的普通直播,那这场直播的结果可想而知——普通的结果。

因此,一个主播要想拥有与众不同的成绩,必须先找到或打造自身的特色。

我们可以从以下角度进行思考。

1. 我有什么特长、才艺、兴趣或爱好?

2. 我在哪个领域有比较多的积累?

3. 我穿什么衣服最好看?

4. 我在什么样的场景中做直播最开心?

5. 我的 A 优势和 B 优势能否结合起来?

6. 别人的打动我的故事有哪些?

7. 我打动别人的故事有哪些?

8. 我说过的最经典的话语有哪些?

9. 我卖过的最优秀的产品有哪些?

10. 我设计过的最优秀的产品有哪些?

11. 我策划过的最成功的活动有哪些?

12. 我有足够的决心去培养一种特长吗?

心理咨询师关紫鹃曾说:"多从正面的角度思考问题,久而久之,你就会发现,原来自己的优点还是挺多的!"

第 22 招 优秀的人设，需要不断打磨

人设，简单来说，就是人物角色设定。

你想以什么样的角色呈现给你的观众？

一旦你确定了自己的人设，那么无论在视频中还是直播中，你都要以一致的形象出现。

主播如何在竞争中脱颖而出？

举个例子。每个主播原本都像一杯纯净水，你往里面加一点柠檬，它就变成了一杯柠檬水；你往里面

加一点玫瑰花或菊花，它就变成了花茶。

红茶专家王利曾说："相对于纯净水来说，柠檬水、花茶和红茶等更容易让人印象深刻。因此，主播要尽可能地结合自己的特质，往'杯子里'加一点不一样的东西，才能让人'回味无穷'。"

人设，往往不是一步到位的，主播需要不断地将其优化。具体做法如下。

1. 注入更多的内容：笔者在直播时主要分享视频号经验（内容占比 77%），同时糅合了人生经验（内容占比 20%）、国学知识（内容占比 2%）、古诗词知识（内容占比 1%）的分享。

2. 赋予人物更多的特质。

3. 打造更合适的话术体系。

4. 选择更得体的服饰。

5. 选择更专业的拍摄场景和直播场景。

第 23 招 打造与众不同的直播内容

直播，一定不要千篇一律。

如果观众还没有进入你的直播间就已经知道你大概会说些什么，那他们自然就不愿意进来。

所以，主播必须让观众对自己的直播充满期待。

主播要尽量避免以下两种情况。

1. 直播内容和其他主播雷同。

2. 直播内容和自己最近的直播雷同。

《礼记·大学》有云："苟日新，日日新，又日新。"

只有不断创新，观众才会对你的每场直播充满期待。然而，这对主播来说是一个比较大的挑战。

对此，我们可以采用"固定+创新"的模式。

笔者设计了 21 天完全不同的直播内容（固定），以 21 天为一期，不断循环。以此为基础，笔者在每次直播中，又会分享 30%的全新内容（创新）。

因此，无论观众过去是否看过笔者的直播，他们每次都能看到不一样的内容。

广告策划专家赖雪光曾说："每一场直播的内容，都需要精心策划。优秀的内容，往往不是脱口而出的，而是反复推敲出来的。在内容策划方面，你付出的每一分努力，终将让你在直播时赢得十倍的掌声。"

第 24 招 如何应对不速之客的"挑战"

视频号直播间有"禁言"和"移入黑名单"这两个功能，主要是针对直播间的"不速之客"（一进直播间就说充满负能量的话的人）而设计的。

当某观众在直播间说充满负能量的话时，主播可以采取以下措施：轻者禁言（无法发言），重者移入黑名单（无法进入直播间）。

有些新主播不好意思使用这两个功能，总觉得

"他们可能是无意的"。

殊不知，他们越说越离谱，导致直播间里负能量信息铺天盖地，主播情绪变得低落、内心不断挣扎，进而影响了既定的直播计划。

其实，平台之所以设计这两个功能，就是因为平台非常尊重主播。平台希望每一个直播间，都有良好的交流氛围。

当然，平台也非常尊重观众。观众一旦发现某些主播有不良言行，同样可以使用"举报"功能，提醒平台工作人员对其进行审查。

当不速之客前来"挑战"时，你要学会收放自如。

大家可以参考以下建议。

1. 邀请观众统一回复某一个数字或词语，瞬间"淹没"负能量信息。

2. 在评论区单击对方名字，选择"禁言"或"移入黑名单"。

3. 感谢对方的鞭策，"择其善者而从之，其不善者而改之"。

第 (25) 招 放下杂念，回归初心

有时候，某位观众可能会说："我不喜欢你这种风格。"

请问你听后，有何感想？

笔者会使用以下方法来应对这种情况。

1. 直接询问直播间的其他观众是否同意他的观点。

2. 私下通过微信或私信，向他询问具体原因。

3. 聆听自己内心的声音，尊重自己的判断。

主播要创造自己的风格不容易，要坚持自己的风格更难。因为观众需求不同、文化程度不同、素质不同、能力不同。

笔者在每场直播结束之后，都喜欢到公园里散步半小时，晒晒太阳，放松身体，放空心灵。劳逸结合有助于孕育全新的灵感。

放下杂念，放下对错，放下输赢；回归初心，迎接挑战，勇敢前行，至关重要。

企业战略策划专家刘丽曾说："主播必须尽可能放下各种琐事和杂念，一心一意，专注于粉丝的根本需求，聚焦重点工作，落实重要项目，塑造主要风格，方能在竞争中立于不败之地。"

第 26 招 确定风格，勇往直前

很多主播喜欢把"迷茫"二字挂在嘴边。

有时候笔者在想，有些人总说自己迷茫，算不算是一种"炫耀"？

中小创业者肩负着各种压力和期望，哪里有时间"迷茫"？

迷茫，就去寻找吧！迷茫，就去解决吧！迷茫，就去闯荡吧！

作为一名主播，在确定自己的直播风格之后，就大胆地去坚持吧！毕竟，它是你结合自己的优势、想法和现状而确定下来的。

经过大量的研究和尝试，结合观众的普遍需求，笔者正在打造一种独特的直播风格，其中包含以下 5 大要素：

1. 干货（行业经验）

2. 幽默（巧妙地表达）

3. 古风（选择合适的服饰）

4. 富有哲理（分享哲学观点）

5. 常有惊喜（经常抽奖）

从这里能看出，我们在打造自己的直播风格时，必须深度结合观众的需求。

在你创造了自己独特的直播风格后，观众的反馈和支持将进一步帮助你丰富和完善这种风格。

　　短视频直播运营专家齐雯嘉曾说："坚持，很重要，但富有创意的坚持，更加重要！确定风格，是为了给观众留下'稳定'的印象；丰富风格，是为了给观众留下'深刻'的印象。"

第六部分

框架篇

第 27 招 没有充分的准备，必将失礼于人

专业主播和普通主播最大的区别，不是直播间在线人数的多少，而是直播内容是否有框架。

专业主播为了一场优秀的直播，愿意投入大量的时间去设计和完善内容框架。

你或许会问："是不是只有知识分享类的主播才需要设计内容框架，卖货主播和才艺主播不需要设计内容框架吧？"

这正是让大多数人感到困惑的地方。答案是：都需要！

内容框架包括大框架（比如，21 天为一个周期的直播，每天的主题是什么）和小框架（每场直播的内容大纲是什么）。

知识主播内容框架设计，可以参考以下思路。

1. 先说什么，后说什么？

2. 大秘诀是什么，小秘诀是什么？

3. 什么时候分享知识，什么时候销售产品？

卖货主播内容框架设计，可以参考以下思路。

1. 如何介绍活动，如何介绍产品？

2. 核心产品介绍多久，周边产品介绍多久？

3. 人物有什么故事，产品有什么故事？

才艺主播内容框架设计，可以参考以下思路。

1. 何时唱歌，何时跳舞？

2. 何时献曲，何时点歌？

3. 上半场是什么风格，下半场又是什么风格？

第 28 招 做一个思路清晰的主播

优秀的主播，不是口若悬河，而是字字珠玑；优秀的主播，不是滔滔不绝，而是循循善诱；优秀的主播，不是拼命吆喝，而是尊重需求。

无论如何，优秀的主播，必须思路清晰。

很多主播以为直播就是聊天。

直播可不是聊天那么简单！

优秀的主播，必须结合观众的需求，分享自己的经验，解答观众的问题，介绍优质的产品，留住精准的粉丝，促成合理的订单，培养强大的社群。

有些主播，你看他直播半天，也不知道他在说什么，主题模糊，思维混乱，语无伦次。

有些主播，你在他直播间稍作停留，就知道他与众不同，主题明确，结构清晰，有理有据。

因此，优秀主播的核心竞争力之一是让观众瞬间理解和喜欢自己（内容、风格和优势）的能力。

短视频运营专家王灵娟指出："理清思路，是主播对自己和观众的尊重。这样，主播能够事半功倍，观众能够清晰明了。"

视频号资深研究者任嘉仪指出："主播要想做到思路清晰，其实不难，只需要将直播内容在心中快速演练一遍，而后加以完善、修正和记录，在直播时，主播就可以做到收放自如。"

第 29 招 确定框架，创作内容，不找借口

关于直播内容创作，笔者听到次数最多的借口是：

"我没有时间。"

"我不知道说些什么。"

"我感觉自己说不了那么多。"

"别的主播随便乱说，也有很多人看他直播。"

这些话语，想必你非常熟悉，肯定也听过不少。

如果主播都没有时间创作内容，那观众凭什么要耗时耗力去看他直播呢？

如果主播自己都不知道该说什么，那观众怎么知道他究竟想说什么、卖什么呢？

如果主播说不了那么多，那观众凭什么相信他是行业专家呢？

如果随便乱说就有人看，那为什么很多随便乱说的主播的直播间人气惨淡呢？

所以，别找借口！想做什么样的主播，就该拿出什么样的态度。以下是笔者对于此的几点建议。

1. 先确定主题，再确定细节。

2. 做到有观点、有故事。

3. 不说任何废话。

4. 尽量提炼出与众不同的观点。

5. 早点起床，用心创作（笔者每天早上 4—5 点钟起床写直播内容）。

6. 学会做思维导图。

7. 将思维导图打印出来，以便查阅。

8. 反复推敲，不断优化内容。

第 ㉚ 招 如果不能带给别人惊喜，请不要轻易开播

有些"大咖"（具有一定影响力的专家）经常说："直播能力是训练出来的，主播要敢于'讲砸100场'。"

这句话听起来似乎很有道理，而当你按照这个思路去实践时，你就会发现：惨了！观众都不来了！

为什么呢？

因为观众"怕"你了！

你讲砸一场，观众会认为你是新手，情有可原。

你讲砸两场，观众会认为你昨夜没睡好，状态不佳，发挥失常，属于人之常情。

你讲砸三场，观众就会开始疑惑，这个主播到底是否专业？

你讲砸四场，从今往后，观众就不太可能再来看你直播了。

所以，要少听各种"大咖"所谓的高见，多听观众的真实声音。

直播，必须带给观众惊喜。久而久之，观众才会对你的每一场直播都充满期待。

营养粥研究专家龙禹琛指出："如果不能带给别人惊喜，就不要轻易开播。"她在直播自己的煮粥过程之前，会提前将各种流程演练多遍，并将各种食材的特点、益处熟记于心，因此在直播时，她自然而然地做到了应对自如。

第 31 招 **在优秀框架的基础上，不断创新**

框架定好之后，在直播时，主播就有章可循了。

当然，在直播时，主播心中可能会浮现出各种全新的灵感，它们至关重要，主播要及时将其记录下来。

笔者在直播之前，会将写好的内容大纲从头到尾看一遍，理清思路，加强记忆。

在直播时，如若灵感涌现，笔者会用纸笔快

速将重要思路记下（观众看到主播如此认真，会很感动）。

下播（直播结束）之后，笔者会将前面记下的重要信息整理、合并到直播内容框架中。

如此坚持，不断完善，最终我们就可以打造出一个内容优化的良性循环体系。

此外，我们还会分析每场直播的观看人数、平均留存率、观众互动频率、订单数量和销售总额等，以此来验证我们每场直播内容的精准度和受欢迎程度，并再次完善直播内容框架。

营养专家徐元芳指出："优秀的复盘，可以让主播稳步前进，让每一场直播富有生命力，让观众更进一步地感受到主播的诚意。复盘，可以让主播越播越有感觉，因为，找到规律至关重要。"

第 ③② 招 在框架慢慢消失后，要守住赤诚与勇敢

　　一个人，从新手到小主播（小有成绩的主播），从小主播到大主播（创造了佳绩的主播），他会逐渐对自己的直播内容框架烂熟于心。因此，慢慢地，他就会发现，自己好像不需要框架了。或者说，那些有形的框架，已经逐步变成他内在无形的习惯和特质了。

　　当然，新手主播前期不能把框架扔掉，否则在直播时，很容易陷入"醉酒状态"（自言自语，自以为清醒，其实却不知所云）。

播着播着，随着你对自己的行业状况越来越精通，对自己的产品越来越熟悉，对自己的粉丝越来越了解，对自己的能力越来越有信心，你对框架的依赖性就越来越弱了。因为，你成长了、成熟了。

无论何时，赤诚与勇敢，至关重要。

心怀赤诚，主播的眼神，就会流露出富有感染力的光芒。

心存勇敢，主播的行为，就会让粉丝乐意追随和支持。

企业培训师郑连华指出："无论是前期的'有框架'，还是后期的'无框架'，优秀的主播，一直都走在修炼自己的路上。可以说，前者是后者的基础，后者是前者的升华，其本质都是敬畏自己，尊重粉丝，回馈社会。"

第七部分

实 践 篇

第 33 招　与其高谈阔论，不如埋头苦干

笔者在视频号上做直播的最初 21 天，每天早上 4 点起床准备当天的直播内容，7 点准时开播。

当时恰逢严冬，天寒地冻，但每天早起准备直播内容，已经成为笔者的习惯。

在这个坚持的过程中，笔者收获了一些深刻的感悟。

1. 不要总是担心直播间没有人，只要敢于开播，总会有神奇的事情发生。

2. 要敢于告别自己的舒适圈，迎接新朋友。

3. 无论熟悉的朋友是否支持自己，都选择进行直播，这是自己的事情，与他人无关。

4. 主播只有咬着牙，奋斗到硕果累累的那一天，方能对得起自己的承诺。

5. 无论在哪个时段直播，都要重视身体的营养补给。

6. 在劳累时，可以为自己煲一些汤，补充身体所需的能量。

7. 如何确保精力旺盛？早睡是第一位的！

8. 每场直播，无论成败，各有好处，关键是要学会总结和创新。

9. 每天都要腾出一些时间朗读经典名言、唐诗宋词和网络金句。

10. 感恩视频号平台为自己带来的全新机遇。

第 34 招　艰苦奋斗，乐在其中

一个主播，"从 0 到 1"，需要经历以下 5 个重要环节。

1. 构建内容体系（讲什么）。

2. 打造产品体系（卖什么）。

3. 开拓多渠道流量来源（如何引）。

4. 稳步提升直播间留存率（如何留）。

5. 稳步提升直播间订单数量（如何卖）。

这 5 个环节，缺一不可，每一个环节，都充满挑战。因此，做直播，要有所突破，主播要么自己变得专业，要么找到专业的人才合作，要么加入专业的团队，绝无简单、轻松一说。

在直播培训领域，有时会存在一种投机取巧的风气。

有些"大咖"将直播描述得过于简单，喜欢说"轻松转变思维，即可月赚百万元"这样轻浮的话语，从而诱导新手主播付费购买高价课程，结果可想而知。

直播从来就不是一件简单的事情，主播之间，竞争的是综合实力。

举个例子。有的主播会在某一场直播活动中放弃成交订单，一直"送送送"。因为不断赠送，直播肯定火爆。在亏本的情况下，为何他还敢"送送送"？因为他想快速吸引精准粉丝，而且他有其他变现渠道。也就是说，他在其他地方赚的钱，可以快速弥补直播间"送送送"的费用亏损。

因此，新主播不要以为别人赚钱很简单，要艰苦奋斗，不断完善"讲什么、卖什么、如何引、如何留、如何卖"5个环节，并乐在其中。

第 35 招 **珍惜每一个神奇的灵感**

灵感，是心灵送给奋斗者的礼物。

在内容创作方面，笔者有过以下灵感。

1. 将内容打印出来，汇总成册，在直播间将其展示给观众，让观众瞬间感受到内容的厚重。

2. 将内容做成思维导图，使用电子屏幕不断放大，展示给观众，让观众瞬间感受到内容的全面。

3. 将内容做成彩色卡片，逐一展示给观众，让观众瞬间感受到内容的细节和精彩之处。

在成交方面，笔者有过以下灵感。

1. 为购买者赠送 3 大礼物：郑俊雅互联网四部曲（四本书）、纸质版思维导图 12 份、可爱布娃娃一个。

2. 邀请购买者同时加入多个学习群。

3. 笔者现场使用思维导图，为连麦者制定视频号运营方案。

灵感来自实践，只有付诸行动，才能创造价值。

在直播方面，你拥有过哪些灵感？

第 36 招　将灵感逐步变为现实

前文分享的各种灵感，笔者已经将其全部变为现实。

一个小灵感，经过实践，变成一个小成果；一个大灵感，经过实践，变成一个大成果。从灵感到成果，其实，这就是奋斗的乐趣所在。

如何将灵感付诸行动？你可以从以下角度进行思考。

1. 我该如何实现它？

2. 我现在是否有能力实现它？

3. 实现之后，我的粉丝会喜欢它吗？

4. 它对粉丝有帮助吗？

5. 我是否下定决心要实现它？

6. 谁可以帮助我实现它？

7. 我需要付出什么代价？

8. 它是必需的，还是多余的？

在优秀的灵感逐一变成现实之后，你就会发现，自己已经稳步打造了自己的核心竞争力。

第八部分

话 术 篇

第 37 招 如何引导观众关注账号

很多主播一看到有人进入直播间，就说："请关注一下主播，关注主播不迷路，主播带你上'高速'。"但这样做，存在以下问题。

1. 别人都不知道他是谁，凭什么关注他？

2. 别人都不了解他想分享什么内容，凭什么关注他？

3. 别人都没有获得任何惊喜，凭什么关注他？

4. 别人都没有被感动，凭什么关注他？

要想引导观众关注账号，比话术更重要的是时机。主播要密切留意以下时机。

1. 评论区是什么时候热闹起来的？

2. 观众是什么时候被感动的？

3. 主播什么时候状态最好？

4. 内容什么时候最吸引人？

时机成熟后，主播只用寥寥数语，就可以轻松吸引观众关注账号，瞬间提升粉丝数量。主播可以参考以下话术。

1. 寻找了这么久，今天，我们终于相遇了。关注我，从今往后，我们就是朋友了。

2. 与其以后不断回忆"那个可爱、优秀的主播究竟是谁"，不如此时此刻就单击左上角，把我关注了。

3. 是的，这一切震撼的内容，都是为你而准备的。我不希望你错过我为你精心准备的每一场直播。

第 38 招 如何引导观众转发直播间

说实话，观众没有义务帮你转发直播间。

观众只有被感动了，才会心甘情愿地帮你转发直播间。

因此，主播的重要任务是感动观众。

你只有比其他主播付出更多的努力，才能真正感动观众。

话术一。

大家稍等，我要转发一下自己的直播间。我不敢麻烦你们转发，因为你们要腾出时间做笔记（因为笔者是知识分享类主播），我非常理解大家。我的内容，只要对你们有帮助，那苦一点、累一点，我也愿意。

话术二。

并非每个人都愿意转发我的直播间，我很理解，因为如此系统、用心且富有创意的直播内容，大家的确会有点舍不得分享给自己的朋友。但是，你们与一般的观众不同，因为你们崇尚真善美、你们赤诚勇敢，你们此时此刻的一次转发，对我来说，都代表着一种肯定和支持。感谢你们！

如何引导观众互动

观众累了，就不想互动。

观众得不到任何启发、没有任何收获，就不想互动。

观众对直播内容或主播本人没有感觉，就不想互动。

观众找不到归属感，就不想互动。

观众在你的直播间之外与你没有任何交流的机

会，就不想互动。

是的，观众是有情绪的。然而，情绪是可以引导、激发、管理的。

话术一。

为了让你们加深印象，请把这句重要的话在评论区打出来。

话术二。

优秀的互动内容，我会让它"上墙"（视频号直播间的一个功能，可以让观众的某条评论悬浮在直播间屏幕正上方）。

话术三。

今天在评论区互动最热情的观众，我将送他一份礼物。

话术四。

我已经发了一个福袋，参与方式是"发布任意评论"，互动越积极的观众，获奖的概率就越大。

第 40 招 如何引导观众连麦

每一次连麦，都酝酿着一个机会。观众与你连麦之后，对你会有更深的了解和信任，因此下单的概率会更大。当然，其他观众也会因此受到影响。

每一次连麦，都是一个挑战。视频号连麦，包括语音连麦和视频连麦。

在语音连麦时，连麦者如果说了某些敏感词，那就会给你的直播带来负面影响；在视频连麦时，连麦者如果穿着不得体（比如某些男生不穿上衣），同样会给你的直播带来负面影响。因此，面对不良情况，主播要敢于及时关闭连麦。

可见，连麦既是机会，又是挑战。但归根到底，连麦带给我们更多的是惊喜。

笔者直播间的很多订单，都是观众在连麦阶段下单的（很多连麦者和观众都喜欢在这个阶段下单）。因为在连麦时，直播间多了一个分享者，观众往往喜欢凑热闹，并且有好奇心。这时，只要主播善于引导，就可以为直播间带来源源不断的订单。

话术一。

现在连麦开始，我亲自为你们一对一解答问题。

话术二。

谁会是第一位连麦者呢？我们一起来看看,是帅哥还是美女？他会带给我们什么惊喜呢?

话术三。

今天的连麦机会非常宝贵，只有 3 个名额。

第 41 招 如何引导观众下单

情不至，单不来。

主播与观众之间的信任和感情（比如，仰慕其才华、欣赏其为人、佩服其能力和尊重其行为），在没有酝酿到一定程度之前，订单很难出现。

因此，主播每天的重要工作之一，就是不断地培养观众的信任感，与其建立情感连接。

在引导观众下单方面，笔者经常使用以下话术。

1. 走过路过，可以错过。但错过之后，你不一定能再次找到我。所以，该出手时就出手。

2. 如果你想了解某个方面的内容，你可以去了解第×号产品。

3. 我知道你，我记得你，第×号产品，比较适合你。

4. 你是优秀的，你是有眼光的。

5. 是的，今天我们会安排两次发货，你很快就可以得到它了。

6. 好的，我看到你下单了，我现在为你详细讲解。

7. 感谢你的支持，掌声送给你（使用声卡，单击发出鼓掌音效）！

8. 什么？不会吧？第一次看我直播你就直接下单了？看来你并非等闲之辈。

第 42 招 **如何引导观众加入社群**

在微信生态中，社群一般是指具有某种明确主题的微信群。视频号直播的出现，让社群更受欢迎。

加入社群，对观众来说有以下好处。

1. 接近主播。

2. 认识更多朋友。

3. 更深入地了解产品或服务。

4. 了解更多行业信息。

5. 参与更多精彩活动。

在引导观众加入社群方面，你可以参考以下话术。

1. 是的，这是第一个微信群，现在加入的朋友，以后会有一种"历史参与感"，因为，面对如此重要的社群，你是第一批富有眼光、积极参与的人之一。

2. 你们现在加入的是第×个微信群，前面的几个群很快就加满了。

3. 这个社群，只招 100 个群成员，名额满了之后，不再招新。

4. 我给大家发一个红包（视频号直播间功能之一，可以发红包并指定特定微信群的成员领取），VIP 社群里面的成员，快快领取吧！

5. 欢迎大家加入我们的社群，今天加入可以免费获得大礼包！

6. 不好意思，微信群已经满了，你们下次再参与吧！

旅游电商运营专家丁京玲指出："参与感非常重要，粉丝需要社群，社群需要活力，粉丝与社群相互赋能。主播可以通过社群的力量和平台的算法，触达更多精准的潜在客户。"

第 43 招　让观众对你的下一句话充满期待

如何提高直播间的留存率（在线人数除以访客总数）？

核心秘诀就是：让观众对你的下一句话充满期待。

脱口秀达人黄杰曾说："当观众想知道你接下来会说什么时，他们就愿意留下来。只要观众愿意留下来，他们的好友就有可能通过直播广场看到你的直播。"

把话说对→留住观众→吸引更多精准观众→提高关注率→促成交易→让利回馈粉丝→创建优秀社群，通过以上七步就可以形成闭环。

优秀主播最重要的能力之一，就是让自己所说的每一句话都充满"魔力"。

大家可以参考以下经验。

1. 只有过去说过的话让人满意，观众才会期待你的下一句话。

2. 每一句话的表达，都是修行。

3. 宁可少说，也不说错。

4. 与其喋喋不休，不如只说重点。

5. 每一句话，都将影响观众对你的印象。

6. 在日常生活中，多琢磨如何把话说对、说好。

第 44 招　打造与众不同的话术体系

直播话术，只有形成体系，才能富有感染力和影响力。

你用心留意过自己的每一句话吗？你将它们汇总起来了吗？你是否在不断优化自己的话术体系？

优秀的主播，往往都拥有与众不同的话术体系。

你可以参考以下建议。

1. 深度研究同行的表达方式，比如他们是如何吸引观众关注账号的？他们是如何引导观众下单的？

2. 把每一句原创的经典句子都记录下来，形成体系，并定期复习。

3. 让每一个重要句子，都变得富有特色。比如，大家都喜欢说"走过路过，不可错过"，笔者却说"走过路过，可以错过，但错过之后，你不一定能够找到我"。

4. 在直播中不断验证自己的话术：它是否让人开心？它是否让人更加乐意下单？

第九部分

留　存　篇

第 45 招 留下良好的第一印象

留存率，很神秘。

留存率，是每个主播都绕不过的关键词。

直播间如果留不住人，任凭你再漂亮、再英俊、干货再多、活动再好或礼物再贵，也形同虚设。

为什么有些直播间里的人"来一个，走一个"呢？因为这些观众有非常灵敏的"嗅觉"，他们通过"颜值、灯光、氛围、主题、产品、礼物和神情"等因素，在短短的几秒钟之内,就可以判断这个直播间是否值得自己留下来。

如何把人留住?第一印象非常重要!

你可以参考以下建议。

1. 不要见到任何人进来都"欢迎",否则,观众会觉得你是新手,因为老主播没有时间欢迎每一个人。

2. 不要见到任何礼物打赏都"致谢",否则,观众会觉得你没有足够的时间分享内容。

3. 不要在没有任何宣传、预告的情况下开播,否则,你的直播间会冷冷清清,除非你已经拥有稳定的观众基础。

4. 不要在没有准备大纲的情况下开播,否则,观众会觉得你语无伦次、内容没有含金量。

第 46 招 给人家一个再来的理由

　　人家离开你的直播间，是正常的现象，因为大家都很忙。

　　最重要的不是人家是否离开，而是你有没有给人家一个再来的理由。

　　请思考你的直播间有没有以下这些东西？

　　1. 让人牵挂的内容（自成体系的内容）。

　　2. 让人牵挂的人物（主播或观众）。

3. 让人牵挂的产品（核心产品，核心套餐）。

4. 让人牵挂的礼物（福袋，定期抽奖）。

5. 让人牵挂的活动（秒杀活动，优惠活动，赠送活动）。

6. 让人牵挂的氛围（积极的评论和打赏）。

7. 让人牵挂的连麦（经典的解答，优秀的连麦者）。

8. 让人牵挂的数据（访客数、在线人数、订单总数等）。

你的直播间有没有让人牵挂的东西？如果有，是什么？如果没有，如何打造？去哪里寻找？

社交运营专家李维贵认为："想观众之所想，你就能留住他们；急观众之所急，你就能感动他们；爱观众之所爱，你就能赢得他们。"

短视频文案专家黎细妹认为："主播在播前、播中和播后，都要反复思考'如何让别人愿意再来'，这一点可以体现在直播话术中，也可以体现在海报、文案和思维导图中。主播要清晰明了地告诉观众'值得再来'的 3 个理由，罗列清楚，让观众心中有数。"

第 47 招 影响留存率的 21 个要素

提升留存率，对于新老主播来说，都是一个系统工程。

以下为影响留存率的 21 个要素：

1. 账号名字（是否易记）

2. 封面（是否吸引人）

3. 主题（是否明确）

4. 逻辑（是否清晰）

5. 观点（是否独特）

6. 价值（是否与众不同）

7. 产品（是否实惠）

8. 服务（是否到位）

9. 套餐（是否让人心动）

10. 话术（是否触动心灵）

11. 颜值（是否富有吸引力）

12. 服饰（是否大方得体）

13. 态度（是否热情）

14. 场景（是否专业）

15. 灯光（是否明亮）

16. 音乐（是否动听）

17. 声音（是否富有感染力）

18. 礼物（是否有价值）

19. 互动频率（氛围是否足够好）

20. 点赞数量（观众是否热情）

21. 访客人数（是否热闹）

留存率的提升不是一步到位的，也不是永恒不变的。只要你逐一优化这 21 个要素，留存率就会逐步提升。

第（48）招 留存率降低的主要原因

很多主播喜欢抱怨："留存率太低了。"（只说结果）。

我们很少听到有人说："因为我某些细节做得不够好，所以留存率低。"（先说原因，再说结果）。

由此可见，很多主播并没有真正看到自己直播间存在的各种问题。

视频号上的直播有一种特殊现象：对于同一场直

播而言,一开始留存率很高,一段时间(如 30 分钟)之后,留存率会慢慢下降。

为什么呢?

因为你刚开始直播时,第一批来到你直播间的观众往往是熟人(你的粉丝或好友),由于比较精准,他们对你的主题感兴趣,所以留存率很高。

第二批来到你直播间的观众,有可能一部分是熟人,一部分是陌生人(你的粉丝的粉丝,你的好友的好友),于是留存率开始降低。

第三批来到你直播间的观众,很有可能大部分都是陌生人,由于不够精准,他们对你的主题不够感兴趣,所以留存率越来越低。

综上所述,主播要想提升留存率,就要致力于增加精准粉丝、凝聚精准好友、吸引精准观众。

第 49 招　不要让留下来的人失望

观众为什么要留下来？

很多观众给出的理由是："先看看。"这句话，代表着人们随时都有可能离开的态度。

先看看？看什么？答案就是看看究竟有没有自己需要的东西。

因此，我们不能让留下来的人失望。

观众愿不愿意看你的视频，可能会受个人感情的影响，因为视频很短，只需花费几十秒或一两分钟即可看完；观众愿不愿意看你的直播，则完全取决于你直播间的综合价值和你本人的综合能力，因为看一场直播，短则几十分钟，长则需要几个小时。

让观众的时间变得更有价值，就是提升直播间留存率的核心原则。

你可以参考以下思路。

1. 每一秒钟，必有真诚。

2. 每一分钟，必有笑容。

3. 每两分钟，必有干货。

4. 每五分钟，必有名言。

5. 每十五分钟，必有礼物。

6. 每半个小时，必有故事。

7. 每一个小时，必有总结。

第 50 招 超越观众的预期

观众需要的是什么？

1. 学点好课。

2. 买点好货。

3. 看点好戏。

4. 听点好歌。

5. 得点好礼。

6. 识点好人。

7. 悟点道理。

8. 找点机会。

9. 凑点热闹。

对于以上 9 点,不同主播的侧重点不同。主播可以根据自己的行业特性,找到对应的角度,逐个突破。无论你从哪个角度入手,都要做到超越观众的预期,这样直播的留存率才能不断提高。

超越观众预期,代表你要付出更多的努力。

1. 笔者在直播时,会将分享的行业思维导图,全部免费赠送给观众。

2. 笔者将线上课程和书籍,免费送给了几百位残疾人朋友。

3. 笔者直播间的 50 首背景音乐,是笔者从 1000 多首可商用音乐中逐一选出的。

4. 辜洪亮为了研究茶叶工艺，数年走遍广东省东部地区的大部分茶山和茶园，翻山越岭，拜访名师，苦习工艺。因此他才能在直播间为观众介绍茶叶时，做到得心应手、娓娓道来。

第十部分

成 交 篇

第 51 招 做一个值得信赖的专业主播

笔者在视频号做了 72 场直播，总体感觉就是"有章可循，流量精准，能够变现"，以下是笔者的几点感悟。

1. 精诚所至，金石为开。

2. 纯粹利他，别无私念。

3. 再苦再累，坚持创新。

4. 无论如何，吃饱再播。

5. 早点睡觉, 明天继续。

同样是主播, 为什么有的人能够变现, 有的人却颗粒无收? 你可以从以下两个角度来思考。

1. 我是否值得信赖?

2. 我是否足够专业?

简单来说, 想通过直播变现, 你必须先成为值得信赖的专业主播。

有人可能会说:"我已经符合条件了呀, 为何还是无法变现呢?"

答案是, 你是否值得信赖, 你说了算; 你是否足够专业, 观众说了算。因为, 买单的人是观众。

什么叫做专业?

1. 行业经验, 你能否脱口而出?

2. 产品知识, 你能否信手拈来?

3. 客户问题, 你能否快速解答?

4. 服务细节，你能否执行到位?

5. 才艺表演，你能否自然而然?

6. 观众互动，你能否亲切利他?

第 52 招 **凝聚精准的潜在客户**

一群不精准的观众，来到你的直播间，就会说一些不精准的话。

比如，你原本是知识主播，却迎来了一群喜欢看颜值主播的观众，那你的评论区就会充斥着"主播结婚了吗？""主播多大了？""主播是哪里人？"或"主播身高多少？"这样的问题。

相反，如果你迎来的是一群精准的观众，那么大家在评论区交流的将会是"怎么买课？""怎么听课？"
"怎么学习？"这样的问题。

那如何才能凝聚精准的潜在客户呢？

1. 选择精准的直播分类（直播之前，可以选择
内容分类）。

2. 培养精准的客户社群。

3. 添加精准的个人好友和企业微信好友。

4. 邀请精准的观众转发直播间。

5. 分享精准的内容，留住精准的观众。

6. 推荐精准的产品，达成精准的交易。

7. 赠送精准的礼品，感动精准的客户。

8. 投放精准的广告，吸引精准的流量。

视频号运营专家童小玲曾说："精准流量，是主
播做大做强的基本条件。主播要用全部力量去培养
自己的精准流量，才能成交更多的精准订单。"

第53招 酝酿良好的直播状态

一个主播在状态好的时候，随便一个眼神，都流露着自信的光芒；状态不好的时候，即便说着曾经成交过无数订单的话术，也会让人感觉索然无味、毫无乐趣。

主播良好的状态，是直播间成交稳定的基础。

笔者回顾过去的 72 场直播，发现订单量较少的那几场直播，都有一个特点，即笔者早餐还没吃饱或来不及吃早餐，就匆匆开播。

试想，你连力气都没有，何来热情和激情？

在直播间里，主播的激情非常重要。如果你照本宣科，观众就会失去兴趣；如果你热情洋溢，观众就会用心倾听。

主播与观众，是相互影响、相互感染、相互成就的。

主播的状态，会影响观众；观众的状态，也会反过来带动主播。

那如何才能酝酿出良好的直播状态呢？以下是几位专家的心得体会。

1. 万佳："适当静坐，放下烦恼；锁定目标，越挫越勇。"

2. 黄燕："聆听音乐，坚持跑步；早睡早起，读书写字。"

3. 陈素红："降低预期，放松放空；身心平衡，惟精惟一。"

4. 马丽华："写好大纲，心中有数；把握核心，应对万变。"

5. 小禾老师："直播前后，营养均衡；劳逸结合，方能长久。"

6. 瑞雅老师："吃饱第一，睡好第二，准备第三，发挥第四。"

第 54 招   在合适的时机，促成合适的 交易

直播间的交易，往往是由主播的综合能力和直播间的氛围共同推动完成的。

主播千万不要有"求人购买"的心理，但一定要有"引导观众购买"的能力。

一旦"求人购买"，主播会瞬间处于被动地位，观众的任何抗拒反应，都有可能影响主播的心情。

主播要学会"引导观众购买"，其中涉及几种重要能力。

1. 学会分享行业干货。

2. 学会分享产品知识。

3. 学会铺垫热销氛围。

4. 学会把握促销时机。

新零售运营专家朴羽涵曾说："在合适的时机，促成合适的交易，主播就会事半功倍。"

以下是促成订单的常用话术。

1. 我看到很多人正在查看购物车，现在下单，今天发货，很快你们就可以收到啦！

2. 刚才下单的这些朋友，等一下我会把你们邀请进 VIP 社群！

3. 是的，今天拍一发三！

4. 不是助理来服务你，而是我亲自来服务你！

5. 今天就是一个字：送！

实体店盈利变现研究专家贾清运曾说："主播在促成订单时，要做到把握主脉、尊重节奏、观察反馈和顺势推动。"

第 55 招 需求与感情的相互影响

直播间的订单，大体可以分为以下 3 种。

1. 需求大于感情（观众因为需求强烈，所以下单）。

2. 感情大于需求（观众非常欣赏主播，对产品似乎也有一点需求，所以下单）。

3. 需求与感情参半（观众需要产品，同时也欣赏主播，所以下单）。

你直播间里的订单，属于哪一种呢？

需求与感情，是会相互影响的。

有时候，观众因为特别需要某种产品，所以愿意停下来聆听主播的故事、经验和心得，从而逐步欣赏主播，对主播产生信赖感。

有时候，观众因为特别欣赏主播，所以愿意购买产品试试，以表支持，之后发现质量不错、效果不错，因而继续下单，最终"一发不可收拾"。

曲阜正华广告传媒公司创始人葛树桦曾说："不论是观众的需求还是感情，主播都不能将其透支。因为，透支需求，容易伤害感情；透支感情，容易扼杀需求。"

面对观众的信任和热情，你可以说："承蒙厚爱，不胜感激。"

面对观众的需求和订单，你可以说："我们将不断创新，以回报您的支持和期望。"

"爆单"仿佛与你无关，但你肩负粉丝厚望。

不断沉淀，不断发奋，总有一天会百花齐放。

第 **56** 招

多维度成交

不要用一场直播的结果来衡量直播的成败，而要用一个周期（如 7 天、21 天等）的直播的结果来衡量成败。

在最初做视频号直播时，笔者偶尔会陷入困惑：今天明明直播得很好（状态好、内容好、表达好且互动好），为何订单却很少？

经过大量的实践，笔者最终发现，观众不一定会像你想象的那样去下单，但却可能通过不同时段、不同渠道、不同方式去支持你、帮助你、成就你。

笔者把这种情况称为"多维度成交"。

是的，我们要用"多维度成交"的思路和胸怀去理解和迎接每一位观众。

一个观众今天看你直播，可能明天才会信任你、后天才会喜欢你、大后天才会成就你（下单）。

一个观众欣赏你，但他可能没有需求，所以没有下单，但他却帮你转发了直播间，而后，他介绍来的朋友在你直播间下了单。

一个观众没有下单，但却打赏礼物给你。

一个观众，你希望他买 A 产品，他最终却购买了 B 产品。

......

广告运营专家小武哥曾说："广告不是用来看的，而是用来引导客户到店的。一切广告的设计、投入和使用，最终都是为了实现多维度成交。"

第十一部分

流量篇

第 57 招 深耕自己的精准社群

视频号上那些直播间流量很多的主播，主要为以下几种情况。

1. 颜值很高。

2. 内容很好。

3. 名气很大。

4. 粉丝很多。

5. 社群很多。

第4点和第5点,可以概括为有稳定的私域流量。

私域流量运营专家宋启良曾说:"深耕自己的精准社群,对于主播来说,是比较可控且成功率较高的运营方式。人人都可创建、经营和管理自己的社群。社群主题、社群内容、直播主题和直播内容,必须一脉相承。这样,从社群进入直播间的流量才会充足和稳定。"

免费的社群人人都可加入,因为没有任何门槛,所以你无法判断社群成员是否精准。因此,很多号称自己拥有几十个、几百个社群的主播,一开始信心满满,而当真正开播时,却发现通过社群来到直播间的观众寥寥无几。

为何?因为不精准!

如何验证自己的社群是否精准?答案是:收费或者设置其他门槛。

其后可以参考以下几条建议深耕自己的社群。

视频号直播攻略

1. 经常分享行业干货。

2. 经常举办利他活动。

3. 定期邀请优秀成员分享经验。

4. 定期奖励对社群做出贡献的成员。

5. 定期赠送刚需产品或服务。

6. 坚持分享，不可轻易中断。

7. 提供更多互助机会。

第 58 招　重视基本的推广步骤

在视频号直播时，最初的 10 分钟，流量来自哪里？答案是——你自己的圈子。圈子里都有谁？

1. 你的视频号粉丝。

2. 你的公众号粉丝。

3. 你的个人微信好友。

4. 你的企业微信好友。

5. 你的微信群好友。

6. 你的朋友圈访客。

7. 你的直播预约者。

很多主播喜欢抱怨"流量少"，其实，开播前10分钟的流量基础，奠定了整场直播的流量规模。

从吸引流量的角度而言，主播最重要的工作之一，就是针对以上 7 种流量来源，全方位地推广直播间。

如果你自己很忙，你可以安排同事或朋友帮你推广。不过，实践证明，主播自己一个人完全可以胜任此事，只要速度快一点、效率高一点，前提是你要把各种推广材料（海报、文字和二维码等）提前准备好。

有人可能会说："直播间里已经有一些观众了，我却还在推广直播间，观众会不会觉得我缺乏诚意？"

问题就出现在这里！很多人为了接待第一批观众，直接开讲，忽略推广，导致流量基础不够，后继乏力。

说实话，第一时间进入你直播间的观众，往往都是你的铁粉（非常忠实的粉丝），你跟他们解释清楚自己在做什么，甚至邀请他们一起来推广，他们大多都会理解和支持。

当然，你也可以提前 10 分钟开播，这样推广起来就更加顺理成章了。

第 59 招 设计一个富有吸引力的直播封面

上文中说到的直播推广步骤,归纳为一句话就是,用好私域流量,吸引公域流量。

直播间里的私域流量越多,吸引的公域流量就会越多。这里说的公域流量,本质上也源自别人的私域流量。

例如,A 是你的粉丝,B 是 A 的粉丝,C 是 B

的粉丝。由于 A 是你的粉丝，所以他可以通过多种渠道看到你的直播（微信通知、微信群、朋友圈、关注页或直播广场等）。如果 A 不愿意帮你转发直播间，那么 B 只能通过直播广场看到你的直播。而如果 B 帮你转发了直播间，那么 C 就有机会通过多种渠道看到你的直播。

你可能会问，粉丝的粉丝，朋友的朋友，凭什么愿意来你的直播间呢？最重要的原因之一，就是你的直播主题和直播封面。简单来说，他们会通过这两个要素快速判断你的直播是否值得观看，从而做出决定。

既然如此，在设计直播封面时需要注意哪些细节呢？

1. 封面设计不可能一步到位，需要不断优化。

2. 封面可以有文字，也可以没有文字，关键是想给观众带来什么样的体验。

3. 封面必须让熟人喜欢，否则，他们不会进来看你直播或帮你分享直播间。

4. 选择一张好看的照片。

5. 设计一个人见人爱的主题。

美业专家朱珊曾说:"好的封面,就像高颜值的脸,会让观众心生欢喜,从而吸引越来越多的流量。"

第 60 招 企业微信，竟然如此重要

企业微信，力量无穷。

有一天，笔者将自己的新视频通过企业微信群发给 3000 个好友（那是笔者使用企业微信的第 7 天），在短短 1 个小时之内，这个视频就获得了 2000 个点赞。

这件事，彻底颠覆了我对企业微信的认识。

是的，企业微信的重要功能之一就是群发，当然包括了视频号视频的群发。

笔者原本只是想"试试看"，没想到结果让人震撼不已!

那一刻笔者突然意识到,视频号运营必须和企业微信高效地结合起来。

企业微信有以下几个重要特点。

1. 功能全面。

2. 可一键群发。

3. 运营高效。

4. 可精细化管理。

5. 可多账号协同。

还有一次,笔者准备了一张重要的思维导图(里面嵌有视频号二维码)和一段邀请好友观看直播的宣传语,在直播时通过企业微信将它群发给了 1000 个好友,然后在短短 15 分钟之内,直播间增加了 500 个访客,在线人数增加了 100 人。

这件事再一次颠覆了我对企业微信的理解。

企业微信竟然如此重要!

第 61 招　让别人心甘情愿地帮你转发

　　面对观众的每一次支持（转发、点赞、评论、连麦和下单等），我们都要心存感激。人家愿意耗时耗力留在我们的直播间，这份诚意值得我们好好珍惜。

　　然而，让别人单方面、无条件地一直支持我们不仅很难，而且不切实际。我们只有反过来不断地帮助他们、支持他们、回馈他们和感动他们，双方才能互惠互利、共同发展。

很多主播喜欢说:"请大家帮忙转发一下直播间。知道怎么转发吗?点击右上角……"

其实,要让别人帮忙转发直播间,主播要做的事情还有很多。

1. 该分享的内容,你分享到位了吗?

2. 该回答的问题,你及时回答了吗?

3. 该赠送的礼物,你大方赠送了吗?

4. 该发出的红包,你真诚发出了吗?

5. 该维护的社群,你用心维护了吗?

6. 该打造的人设,你精心打造了吗?

7. 该提供的帮助,你热情提供了吗?

关于以上问题(某一部分或全部),如果你的答案是肯定的,那么人家自然愿意帮你转发直播间。

如果答案都是否定的,那么你还有很多地方要"修行"。

　　健康专家郭维曾说:"归根到底,干直播,最重要的就是'做人'。秉持赤诚之心,打造专业人设,一心一意为粉丝提供价值,主播才能走上人生的康庄大道。"

第 62 招 揭开公域流量的神秘面纱

公域流量，何其重要。

公域流量，是公平的，也是神秘的。

公平，不是指流量平分，而是指平台尊重用户的选择。

美女主播用一张"闭月羞花"的照片来做封面，观众自然会喜欢。同理，你也可以挑选自己最美的照片来做封面。

娱乐主播用一张"表情夸张"的照片来做封面，观众自然会好奇。同理，你也可以挑选一张生动的照片来做封面。

总之，机会是平等的。你想怎么做，都可以去试试。试了你就会知道：台上一分钟，台下十年功。人家的成功，有人家的道理，和你想象的未必相同。

公域流量，就是"萝卜、青菜，任君选择"。你不能说："观众怎么选他，而不选我呢？"你有你的特点，观众有观众的喜好。

公域流量，就是"多大的石头，溅起多大的水花"。你的私域流量充足，你的直播间自然就能"辐射"到更多人。

人多，有人多的好处；人少，有人少的好处。有时候，笔者还真想"在直播间就三五知己，从天黑聊到天亮"，那也是一种充满乐趣的人生体验。

欢乐跑倡导者顾维秀曾说:"主播自己要'跑'起来,观众才会跟着你'跑'起来。精神焕发的主播,在直播广场中,自然会带给别人与众不同的感觉和'不如去看看他'的冲动。"

第十二部分

社 群 篇

第 63 招 "敬人者，人恒敬之"

笔者在《68 招玩转视频号》这本书中，同样用了较多的篇幅来写"社群运营"。但其中分享的思路，更多是针对"视频在社群中的运营"；而本书分享的思路，更多是针对"直播在社群中的运营"。两者相辅相成。

《孟子》有云："敬人者，人恒敬之。"

营养专家刘红莲曾说："主播尊重观众，观众就会尊重主播。群主爱护群成员，群成员就会爱护群主。"

既然如此，直播和社群，如何相互赋能呢？

1. 在每一场直播开始之前，你都可以在社群中进行预热。

2. 在直播之前，选好"可以领取红包的微信群"。

3. 在直播时，通过发红包吸引精准社群成员前来观看直播。

4. 在直播中分享重要信息时，你可以说："等一下我会把这些重要内容分享到微信群。"

5. 在直播结束后，你可以把某些可公开的信息、资料和思维导图等分享到微信群，回馈默默支持你的群成员。

6. 你可以邀请群成员分享观看直播的心得，并对积极者给予奖励。

7. 在直播时，你可以邀请精准观众加入你的精准社群。

8. 开启微信小商店的"店铺群"功能，这样观众在下单后，就可以看到你设置好的微信群二维码。

第 64 招　赠送与让利——告别零和游戏

你是什么样的创作者，就会吸引什么样的粉丝。

你是什么样的主播，就会吸引什么样的观众。

你是什么样的群主，就会吸引什么样的群成员。

总而言之，"物以类聚，人以群分"。

大方的主播，往往能够吸引一批热情的观众。有些主播，就是通过"赠送与让利"打开知名度的。

有些大主播，喜欢送手机、平板电脑、家用电器和品牌化妆品。以这些高价值的礼物作为福袋送给观众，能够帮主播创造以下优势。

1. 在预告直播时，有了很好的宣传点。

2. 在开播时，可以明显提升留存率。

3. 在互动时，可以有效提升观众热情。

4. 通过留住"想获奖的人"，吸引一批批"想购买的人"。

电动车研究专家邓小辉曾说："越送越好，越送越多，越送越赚。敢于赠送，客户立马就会觉得你'与众不同'，因而对你'刮目相看'。有时候，诚意无须解释，顾客通过你的赠送策略和让利方案，瞬间就能了解你是什么样的人。"

第 65 招 打造富有活力的社群

在视频号上，优秀的主播往往具备以下两个特点。

1. 直播围绕着社群成员的核心需求来做。

2. 社群围绕着直播战略来运营。

凭此两点，直播间就能吸引到精准的观众，社群也能凝聚精准的成员。简单来说，就是直播和社群相互赋能，彼此成就，才能越做越大。

这里我们假设主播就是群主，那什么样的社群是富有活力的社群呢？

1. 群成员对过去的直播内容非常满意。

2. 群成员对未来的直播内容充满期待。

3. 群成员喜欢在群里交流观看心得。

4. 主播下播后，主动把直播间里的宝贵信息、资料等分享到微信群。

5. 主播针对群成员的综合需求打造或寻找合适的产品。

6. 群成员看到喜欢的产品会积极下单。

7. 群成员愿意帮主播分享直播间。

8. 群成员愿意帮群主介绍新成员。

看到这里，你可能会问：这是不是太理想化了？

不，这不是理想化，而是社群运营和直播运营的基本标准。这里面的关键因素只有一个——精准。

只要社群主题、直播主题、社群内容、直播内容、社群成员和直播间观众都比较精准，实现前面的"理想化"效果便指日可待。

第（66）招 **做一个纯粹利他的主播**

笔者在微信上见过一个很流行的表情图，图中有一位侠客在下棋，旁边写着"利他，是破局的关键"。

笔者在欣赏表情图的同时，不得不佩服这句话的含义深远。

利他，对于主播来说，的确是破局的关键。

1. 如果没人看你直播，那么发个社群红包，局面会不会有所好转？

2. 如果没人留在直播间，那么发个福袋，局面会不会有所好转？

3. 如果没人关注账号，那么赠送礼物（资料、电子书、思维导图或虚拟课程等），局面会不会有所好转？

4. 如果没人预约直播，那么分享核心经验，局面会不会有所好转？

5. 如果没人下单，那么降低价格、增加赠品、提升附加值，局面会不会有所好转？

6. 如果没人在群里说话，那么你先为大家输出内容、输出价值，局面会不会有所好转？

育儿专家信然曾说："与其老是等着别人先开口、先出手，你不妨自己先'亮剑'，先感动自己，再感动别人。"

无论你是群主还是主播，只要你想变得优秀，你就必须做到"利他"，至于能不能"纯粹"，则须逐步

"修行"。

　　作为一名利他的主播,每天都可以想想以下几个问题。

　　1. 今天要送点什么东西给用户?

　　2. 今天有没有感动自己?

　　3. 今天有没有感动别人?

　　怀着利他的信念,直播就会富有吸引力;怀着利他的信念,人生就会充满惊喜。

　　最后送给大家一句话:行有不得、凡事遇挫,是为"磨";苦上加苦、难上加难,是为"炼"。一个优秀的主播,要敢于在各种"磨炼"中,不断发奋、不断创新、不断坚持,方能重燃希望、再遇恩典。

　　祝福你! 愿你赤诚勇敢,创造与众不同的直播传奇!

图书在版编目（CIP）数据

视频号直播攻略 / 郑俊雅著. —北京：电子工业出版社，2021.6
ISBN 978-7-121-41208-0

Ⅰ. ①视⋯　Ⅱ. ①郑⋯　Ⅲ. ①网络营销　Ⅳ. ①F713.365.2

中国版本图书馆 CIP 数据核字（2021）第 093733 号

责任编辑：黄　菲　　　文字编辑：刘　甜　王欣怡
印　　刷：三河市鑫金马印装有限公司
装　　订：三河市鑫金马印装有限公司
出版发行：电子工业出版社
　　　　　北京市海淀区万寿路 173 信箱　　邮编：100036
开　　本：787×1 092　1/32　印张：6.375　字数：84.4 千字
版　　次：2021 年 6 月第 1 版
印　　次：2025 年 10 月第 6 次印刷
定　　价：45.00 元

凡所购买电子工业出版社图书有缺损问题，请向购买书店调换。若书店售缺，请与本社发行部联系，联系及邮购电话：（010）88254888，88258888。

质量投诉请发邮件至 zlts@phei.com.cn，盗版侵权举报请发邮件至 dbqq@phei.com.cn。

本书咨询联系方式：424710364（QQ）。